La ciencia de los seres vivos

¿Qué es un ciclo de vida?

Bobbie Kalman y Jacqueline Langille

🍄 Crabtree Publishing Company

www.crabtreebooks.com

Serie La ciencia de los seres vivos
Un libro de Bobbie Kalman

Para la audaz y original Valerie

Editora en jefe
Bobbie Kalman

Equipo de redacción
Bobbie Kalman
Jacqueline Langille

Editora ejecutiva
Lynda Hale

Editores
Niki Walker
Greg Nickles

Diseño por computadora
Lynda Hale
McVanel Communications Inc.
(diseño de la portada)

Coordinación de producción
Hannelore Sotzek

Consultora
K. Diane Eaton, Hon. B.Sc., B.A.,
Brock University

Agradecimiento especial a
la familia Hale, que aparece en la página 5

Fotografías
Gary Barton: página 5 (pie de página)
Bob Cranston/Mo Yung Productions: página 19 (pie de página)
Bobbie Kalman: página 31 (todas)
Diane Payton Majumdar: página 20 (pie de página a la derecha)
Photo Researchers, Inc.: Alan & Sandy Carey: página 23; Michael P. Gadomski:
   página 6; Tom McHugh: página 25; Dr. Paul A. Zahl: página 19 (pie de página, a la izquierda)
James H. Robinson: página 9
Tom Stack & Associates: David G. Barker: página 16; Jeff Foott: página 18 (pie de página);
   Denise Tackett: página 19 (parte superior); Joe McDonald: página 15 (parte superior);
   John Canalosi: página 15 (centro); David M. Dennis: página 15 (pie de página)
Kenneth Thomas: página 8
Valan Photos: Jeff Foott: página 18 (parte superior, ambas); V. Wilkinson: página 22
Jerry Whitaker: página 20 (al centro, a la izquierda)
Otras fotografías de Digital Stock y Digital Vision

Ilustraciones
Todas las ilustraciones son de Barbara Bedell, excepto las siguientes:
   Antoinette "Cookie" Bortolon: página 14

Traducción
Servicios de traducción al español y de composición
   de textos suministrados por translations.com

Crabtree Publishing Company
www.crabtreebooks.com   1-800-387-7650

Library of Congress Cataloging-in-Publication Data
Kalman, Bobbie, 1947-
   [What is a life cycle? Spanish]
   ¿Qué es un ciclo de vida? / written by Bobbie Kalman, Jacqueline Langille.
      p. cm. -- (La ciencia de los seres vivos)
   Includes index.
   ISBN-13: 978-0-7787-8754-9 (rlb)
   ISBN-10: 0-7787-8754-0 (rlb)
   ISBN-13: 978-0-7787-8800-3 (pbk.)
   ISBN-10: 0-7787-8800-8 (pbk.)
   1. Life cycles (Biology)--Juvenile literature. I. Langille, Jacqueline. II. Title.
III. Series.
   QH501.K25518 2005
   571.8--dc22
                                          2005003816
                                             LC

**Publicado en los
Estados Unidos**
PMB 16A
350 Fifth Ave.
Suite 3308
New York, NY
10118

**Publicado en
Canadá**
616 Welland Ave.,
St. Catharines,
Ontario, Canada
L2M 5V6

**Publicado en el
Reino Unido**
73 Lime Walk
Headington
Oxford
0X3 7AD
United Kingdom

**Publicado en
Australia**
386 Mt. Alexander Rd.,
Ascot Vale (Melbourne)
V1C 3032

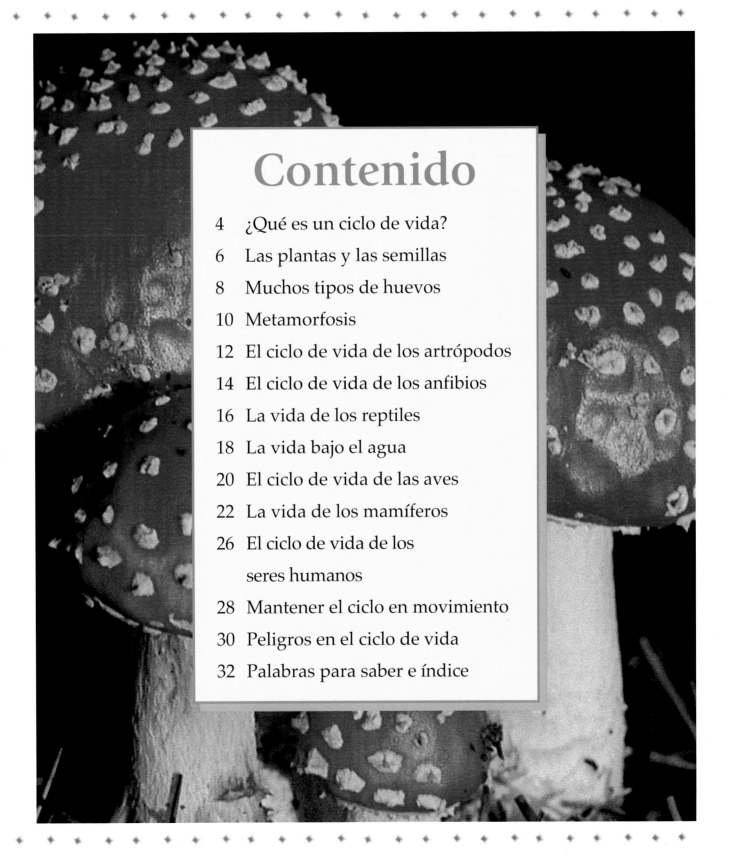

Contenido

¿Qué es un ciclo de vida?

Todos los seres vivos tienen un **ciclo de vida**. El ciclo de vida está formado por todas las etapas que un ser vivo atraviesa entre su nacimiento y el momento en que se convierte en adulto. Todos los ciclos de vida tienen las mismas etapas básicas: nacer, crecer y convertirse en adulto.

Crecer y cambiar

Durante el ciclo de vida todos los seres vivos crecen y cambian. El cuerpo crece y cambia por fuera y por dentro. Cuando han sucedido todos los cambios, el **organismo**, o ser vivo individual, se ha convertido en adulto. Las plantas adultas producen **semillas**. Cuando un animal es adulto, su cuerpo está listo para tener **cría**.

Esta rana es adulta. Cuando tenga cría, un nuevo ciclo de vida comenzará.

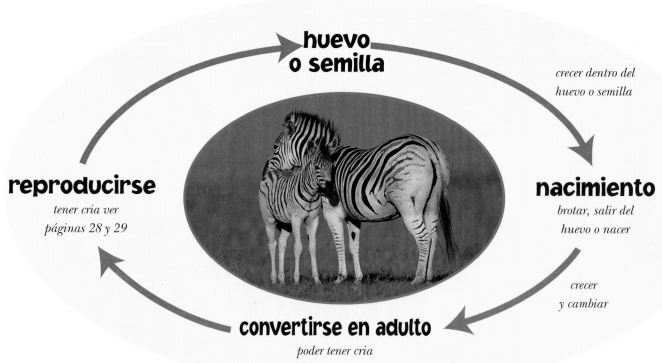

huevo o semilla

crecer dentro del huevo o semilla

reproducirse
tener cria ver páginas 28 y 29

nacimiento
brotar, salir del huevo o nacer

crecer y cambiar

convertirse en adulto
poder tener cria

El ciclo comienza de nuevo

Cuando un adulto tiene cría, otro ciclo de vida comienza. Las crías pasan por las mismas etapas que sus padres atravesaron hasta que también se convierten en adultos. Entonces pueden tener sus propias crías y comenzar un nuevo ciclo de vida.

Mantener viva la especie

Una **especie**, es decir, un tipo de planta o animal, sobrevive sólo cuando suficientes adultos continúan el ciclo de vida al tener crías. Si una especie deja de **reproducirse** o tener crías, desaparece.

(abajo) En la familia humana hay distintas **generaciones**: *abuelos, padres e hijos. Con cada nueva generación, la familia continúa. Si los hijos no tienen hijos propios algún día, la familia no continuará después que éstos mueran.*

(arriba) Muchos árboles producen flores que se convierten en frutos. Los frutos contienen las semillas que comienzan un nuevo ciclo de vida.

Las plantas y las semillas

La mayoría de las plantas comienzan su ciclo de vida en forma de semilla. Dentro de cada semilla hay una planta diminuta o **embrión**. También contiene alimento para que el embrión crezca.

Una cáscara dura, llamada **tegumento**, impide que el embrión se seque. El embrión comienza a crecer cuando tiene suficiente calor, agua y **nutrientes**.

*Las semillas no siempre empiezan a germinar inmediatamente después de caer a la tierra. Algunos embriones permanecen **durmientes**. Una semilla durmiente espera tener la cantidad adecuada de agua y luz solar antes de comenzar a germinar.*

El ciclo de vida de las plantas

No todas las plantas nacen de semillas, aunque la mayoría sí lo hace. Estas ilustraciones muestran el ciclo de vida de una planta de frijol. Comienza y termina con una semilla.

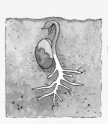

*1. Cuando la semilla **germina** o comienza a crecer, el tegumento se rompe. Entonces al embrión le brotan raíces y un tallo.*

*2. La planta que acaba de brotar, que se llama **plántula**, usa el alimento almacenado en la semilla para producir hojas. Las plantas necesitan las hojas para producir su propio alimento.*

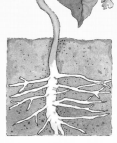

3. Si la plántula tiene suficiente agua y luz solar, se convertirá en una planta adulta con muchas hojas.

4. Las plantas adultas dan flores para producir las semillas que comenzarán el siguiente ciclo de vida.

5. Mientras las semillas crecen están protegidas por vainas.

6. La planta deja caer las semillas. De ellas pueden crecer plantas nuevas. Entonces el ciclo de vida vuelve a comenzar.

Muchos tipos de huevos

En la mayoría de los ciclos de vida, la nueva vida comienza dentro de un huevo. Todos los animales, entre ellos los peces, las aves y los insectos, comienzan su vida dentro de un huevo. Las hembras adultas de todas las especies producen huevos dentro del cuerpo. El tipo de huevos depende de la clase de animal. Por ejemplo, los huevos de las aves tienen cáscara dura, pero los de los peces y las ranas están cubiertos de gelatina.

huevos de tortuga en el momento en que se rompe el cascarón

¿Qué hay dentro de un huevo?

Todos los huevos contienen un embrión y una **yema**. El embrión es la cría que crece. La yema es alimento almacenado para que el embrión use mientras crece. Los huevos tienen una capa externa, como una cáscara o gelatina gruesa, que protege al embrión.

alantoides

embrión

cámara de aire

cáscara

saco vitelino

albúmina

*El huevo es el hogar perfecto para el embrión en crecimiento. La cáscara dura de este huevo de ave mantiene al embrión húmedo y protegido. La **albúmina**, o clara del huevo, sirve de amortiguador. El **alantoides** absorbe los desechos del embrión.*

Poner huevos

La mayoría de los animales **ponen** huevos, es decir, los despiden del cuerpo. Algunos los conservan dentro del cuerpo hasta que las crías nacen. Los huevos de otros animales, como los mamíferos, no están cubiertos por una cáscara dura ni por gelatina. Este tipo de huevo crece en una parte especial del cuerpo de la madre hasta que la cría está lista para nacer.

*Sólo unos pocos tipos de animales cuidan los huevos después de ponerlos. Esta araña lobo llevó su **capullo de huevos** en el cuerpo durante varias semanas. Después de salir del huevo, las **crías** recién nacidas trepan al lomo de la madre y viajan con ella unos días.*

Metamorfosis

La **metamorfosis** es una parte importante del ciclo de vida de algunos animales, como las ranas, los sapos, los tritones y muchos insectos. La metamorfosis es el cambio que se produce en la estructura corporal y en los hábitos del animal para convertirse en adulto. Antes de que los animales jóvenes pasen por la metamorfosis su aspecto es muy distinto del de los adultos. Por lo general, también comen alimentos distintos.

La metamorfosis le ayuda a una especie a sobrevivir porque las crías viven en un ambiente distinto y no tienen que competir con los adultos por los alimentos. Por ejemplo, las **larvas** de mariposa comen hojas y se arrastran. Después de la metamorfosis, que se muestra en la página siguiente, la mariposa adulta vuela entre las plantas en busca de alimento, que suele ser **néctar**, el jugo dulce de las flores.

El ciclo de vida del tritón

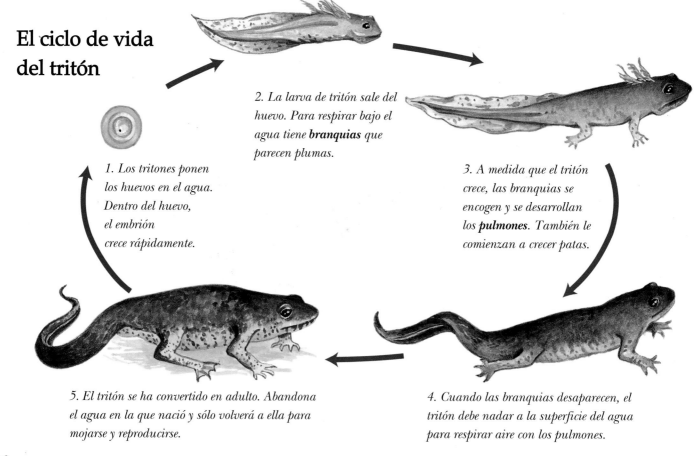

1. Los tritones ponen los huevos en el agua. Dentro del huevo, el embrión crece rápidamente.

*2. La larva de tritón sale del huevo. Para respirar bajo el agua tiene **branquias** que parecen plumas.*

*3. A medida que el tritón crece, las branquias se encogen y se desarrollan los **pulmones**. También le comienzan a crecer patas.*

5. El tritón se ha convertido en adulto. Abandona el agua en la que nació y sólo volverá a ella para mojarse y reproducirse.

4. Cuando las branquias desaparecen, el tritón debe nadar a la superficie del agua para respirar aire con los pulmones.

El ciclo de vida de la mariposa

1. La mariposa hembra adulta pone sus huevos en una hoja y luego los abandona.

*2. La larva sale del huevo. Muchas larvas de insectos parecen gusanos. Las larvas de mariposa también se llaman **orugas**. Mastican hojas todo el tiempo.*

*3. La oruga bien desarrollada teje a su alrededor una envoltura llamada **capullo**. A partir de este momento se llama **crisálida**.*

4. Dentro del capullo el cuerpo cambia mucho hasta que se convierte en adulto. La mariposa recién formada sale del capullo y se va volando.

El ciclo de vida de los artrópodos

Los **artrópodos** son animales que tienen exoesqueleto. El **exoesqueleto** es una cubierta dura que protege el cuerpo del animal como si fuera una armadura. Los insectos, los arácnidos, los miriápodos y los crustáceos, como los cangrejos y las langostas, son artrópodos.

Casi todos los artrópodos ponen huevos para comenzar un nuevo ciclo de vida. Las hembras suelen poner sus huevos cerca de un lugar donde haya alimento. Tener una fuente de alimentos cerca es importante porque la mayoría de los artrópodos abandonan los huevos y las larvas deben poder encontrar comida sin ayuda.

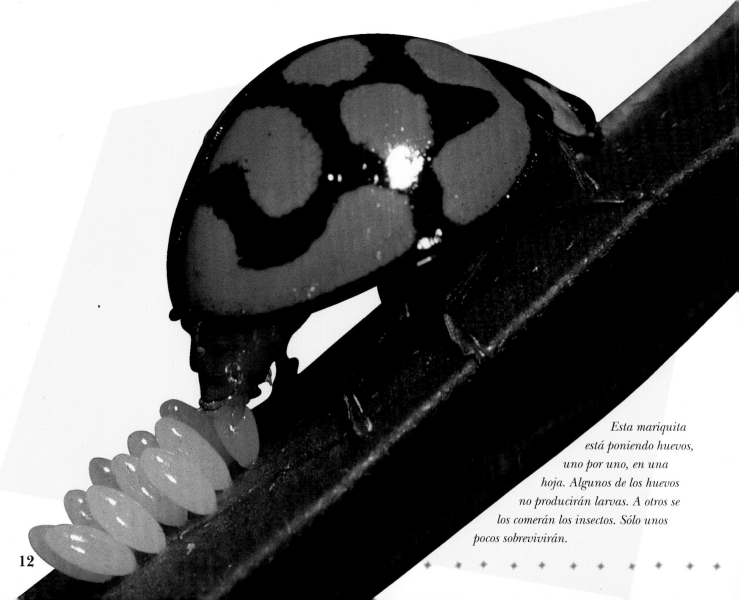

Esta mariquita está poniendo huevos, uno por uno, en una hoja. Algunos de los huevos no producirán larvas. A otros se los comerán los insectos. Sólo unos pocos sobrevivirán.

El ciclo de vida de las mariquitas

El ciclo de vida de una mariquita dura sólo entre cuatro y siete semanas. En ese corto tiempo la mariquita sale del huevo, crece, pasa por la metamorfosis y luego pone sus propios huevos.

1. Las mariquitas hembras ponen huevos y luego los abandonan.

2. Entre cinco y ocho días después, de los huevos salen larvas parecidas a gusanos. No se parecen a las mariquitas adultas.

7. Al poco tiempo la mariquita adulta está lista para poner sus propios huevos.

3. Las larvas comen todo el tiempo y crecen rápidamente. Cambian de piel varias veces a medida que crecen.

6. Las mariquitas que acaban de convertirse en adultos son amarillas, pero pronto su exoesqueleto se vuelve de color rojo.

5. La mariquita adulta rompe la cáscara y despliega sus alas por primera vez.

*4. Cuando la larva llega a un determinado tamaño, deja de comer. Se rodea de una cáscara dura y desde ese momento se llama **pupa**. Dentro de la cáscara se convierte en adulto.*

La vida de los reptiles

Los **reptiles** son animales que tienen piel dura cubierta de escamas. Los lagartos, las serpientes, las tortugas, los cocodrilos, los caimanes y los tuataras son reptiles. Muchos viven en tierra firme, pero algunas tortugas, los cocodrilos y los caimanes pasan la mayor parte de su vida en el agua. La mayoría de los reptiles comienzan el ciclo de vida en un huevo.

*Cuando el reptil nace, los **depredadores** son un gran peligro para él. Los depredadores son animales que se comen a otros animales. Muchos reptiles mueren antes de cumplir un año. Los científicos crían algunos tipos de reptiles para ayudarlos a sobrevivir.*

(izquierda) Los anfibios adultos, como esta salamandra, necesitan agua dulce y limpia para poner sus huevos.

(abajo) Un tritón crestado adulto comparte la laguna con una larva. La pequeña larva respira bajo el agua a través de las branquias que tiene a los lados de la cabeza.

El agua de la vida

El ciclo de vida de los anfibios depende del agua en todas las etapas. La mayoría pone sus huevos cubiertos de gelatina en el agua. Éstos deben permanecer mojados o los embriones que están dentro se secarán y morirán. Los renacuajos sólo pueden respirar bajo el agua con branquias, al igual que los peces. Los anfibios adultos necesitan agua, tierra o aire húmedos para que la piel no se les seque demasiado. La mayoría pasa todo el ciclo de vida en el agua o cerca de ella.

Esta joven salamandra manchada sale del agua por primera vez.

La vida de los reptiles

*Cuando el reptil nace, los **depredadores** son un gran peligro para él. Los depredadores son animales que se comen a otros animales. Muchos reptiles mueren antes de cumplir un año. Los científicos crían algunos tipos de reptiles para ayudarlos a sobrevivir.*

Los **reptiles** son animales que tienen piel dura cubierta de escamas. Los lagartos, las serpientes, las tortugas, los cocodrilos, los caimanes y los tuataras son reptiles. Muchos viven en tierra firme, pero algunas tortugas, los cocodrilos y los caimanes pasan la mayor parte de su vida en el agua. La mayoría de los reptiles comienzan el ciclo de vida en un huevo.

Copias exactas

Cuando nacen, los reptiles son copias pequeñas de los padres. Son **crías recién salidas del huevo**. Estas crías no pasan por la metamorfosis porque ya tienen el mismo tipo de cuerpo que los reptiles adultos. Sin embargo, para sobrevivir cuando sean adultos deben crecer y fortalecerse mucho.

*El caparazón de una tortuga recién nacida es más blando que el de una tortuga adulta. A medida que la tortuga crece, se va endureciendo. Su cuerpo produce nuevas capas, llamadas **anillos de crecimiento**, para que el caparazón siempre le quede bien.*

Más grandes que la piel

A medida que la mayoría de los reptiles crecen, la capa exterior de la piel no les crece y pronto son más grandes que ésta. Muchos lagartos y serpientes jóvenes **mudan** o cambian la piel más de cuatro veces al año. Algunos reptiles adultos mudan de piel sólo una o dos veces al año. Todos los reptiles adultos continúan creciendo lentamente y mudan de piel. No dejan de crecer y mudar de piel hasta que mueren.

Muchas crías de reptil mudan de piel poco después de nacer.

La piel de las serpientes generalmente se desprende en una sola pieza. El animal se retuerce para salir de ella.

La piel de los lagartos se desprende en varios pedazos pequeños. Las escamas no se caen cuando hay cambio de piel.

≋ La vida bajo el agua ≋

La mayoría de los peces ponen huevos y pasan todo el ciclo de vida bajo el agua. Viven en océanos, lagos y ríos. Las hembras ponen los huevos en el agua. Un macho **fecunda** los huevos esparciendo **espermatozoides** sobre ellos. La mayoría de los peces los abandonan.

Las aves y otros peces se alimentan de los huevos desprotegidos. Muchos tipos de peces ponen cientos o miles de huevos a la vez porque sólo de unos cuantos saldrán larvas y se convertirán en adultos. Los peces recién nacidos se llaman larvas o **alevines**.

1. Dentro de estos huevos de pez hay diminutos salmones en crecimiento. La larva de salmón en la parte superior de la foto está saliendo del huevo. El otro alevín, o larva de salmón, ha salido del huevo hace apenas unos segundos.

2. Muchos tipos de alevines tienen un saco vitelino o de yema del cual se alimentan mientras crecen. Cuando la yema esté a punto de acabarse, el alevín será capaz de buscar comida sin ayuda.

3. Muy pocos alevines sobreviven y se convierten en adultos. Si no se los comen los depredadores, se convierten en peces adultos un año después de nacer.

La vida de los peces

No todos los peces ponen huevos y luego los abandonan. Algunos protegen a las crías de los depredadores. Unos pocos construyen nidos en la arena para los huevos. A veces un adulto cuida a los huevos todo el tiempo hasta que las larvas nacen.

(abajo) El caballito de mar macho guarda los huevos de la hembra en una bolsa especial hasta que nacen las larvas. La larva sale de la bolsa de su padre.

(arriba) Las tilapias conservan los huevos en la boca hasta que nacen las larvas.

(abajo) Los tiburones no cuidan sus huevos, pero éstos tienen una cáscara especial muy dura. La cáscara protege al embrión mejor que la cubierta de gelatina.

El ciclo de vida de las aves

avestruz al cuidado de sus huevos

Las aves habitan en todo el mundo. La mayoría vive sobre la tierra, pero algunas especies, como los patos y las gaviotas, pasan mucho tiempo en el agua. Sin embargo, todas las aves vuelven a tierra para poner huevos. Muchas vuelan grandes distancias a fin de encontrar zonas para anidar que tengan abundante alimento para los **polluelos** o crías.

Empollar y nacer

La mayoría de las aves **empollan** los huevos después de ponerlos. Empollar es sentarse sobre los huevos para darles calor. El embrión que está dentro del huevo necesita calor para crecer bien.

Cuando el polluelo es lo suficientemente grande para nacer, rasca el interior de la cáscara. Tiene un diente especial en el extremo del pico que lo ayuda a romperla. Después de unas horas, el polluelo, cansado, sale del huevo, como ves en la fotografía. ¡Un nuevo ciclo de vida comienza!

huevo de avestruz

huevo de gallina

huevo de petirrojo

Dentro del huevo el embrión crece rápidamente.
Pronto el polluelo no podrá moverse.

Cuidar a las crías

La mayoría de las aves no ponen muchos huevos a la vez. Deben cuidar a sus crías para asegurarse de que sobrevivirán. Las aves protegen a los huevos y polluelos de los depredadores, de la lluvia y del exceso de sol. Los alimentan hasta que tienen edad suficiente para dejar el nido.

Algunas aves los cuidan incluso después de ese momento. Ayudan a sus crías a encontrar los alimentos adecuados y les muestran cómo escapar o esconderse de los depredadores. Muchas aves se convierten en adultos un año después de salir del huevo y están listas para comenzar su propia familia.

(derecha) Algunos polluelos nacen ciegos, indefensos y casi sin plumas. Las aves cantoras tienen polluelos como éstos.

Otros nacen con los ojos abiertos y cubiertos de un plumón suave. Pocas horas después de salir del huevo los padres los conducen fuera del nido.

La vida de los mamíferos

El ciclo de vida de los mamíferos se diferencia del de otros animales en dos cosas importantes: el nacimiento y la alimentación. La mayoría de los mamíferos crecen dentro del cuerpo de la madre, donde están bien protegidos. Cuando tienen el tamaño suficiente para salir al mundo, **nacen del cuerpo de la madre**, como se muestra a continuación, en lugar de salir de un huevo.

Después de nacer, la mayoría de los animales tienen que alimentarse sin ayuda; sin embargo, las madres de los mamíferos producen leche para alimentar a las crías. Las crías toman leche del cuerpo de la madre. De la leche la cría obtiene todos los nutrientes que necesita para crecer bien.

Este granjero está ayudando a una oveja que está dando a luz. El cordero sale del cuerpo de la madre.

El destete

Cuando las crías crecen, comienzan a comer alimentos sólidos porque la madre no las deja tomar tanta leche. Cuando están listas para comer sólo alimento de adultos se produce el **destete**, lo que significa que ya no tomarán más leche del cuerpo de la madre.

*Esta puma está **amamantando** a sus cachorros, es decir, dándoles leche. Por lo general, las madres esperan pacientemente mientras las crías toman la leche.*

Asegurar el ciclo de vida

Las crías de las plantas y de la mayoría de los animales deben poder sobrevivir sin ayuda. Sin embargo, muchas especies de mamíferos las cuidan después de nacer. Los cuidados extra de los adultos ayudan a que más crías sobrevivan. Los mamíferos no necesitan tener muchas crías a la vez para asegurar la continuidad de su especie.

Enseñarles a sobrevivir

Los adultos que cuidan a las crías les enseñan cómo sobrevivir. Los animales jóvenes aprenden qué alimentos comer y dónde encontrar agua para beber. Algunos carnívoros, como los leones, pasan semanas mostrándole a sus crías cómo cazar y atrapar **presas**, como ves en la foto. Las presas son los animales que los depredadores se comen.

Al lamer a las crías los adultos las impregnan con su olor. El olor les indica a otros adultos a quién pertenecen esas crías.

El ciclo de vida de los seres humanos

El ciclo de vida de los seres humanos es parecido al de otros mamíferos. Los seres humanos sanos nacen, crecen y se convierten en adultos. Comienzan la vida como embriones, y luego crecen y se convierten en bebés dentro del cuerpo de la madre.

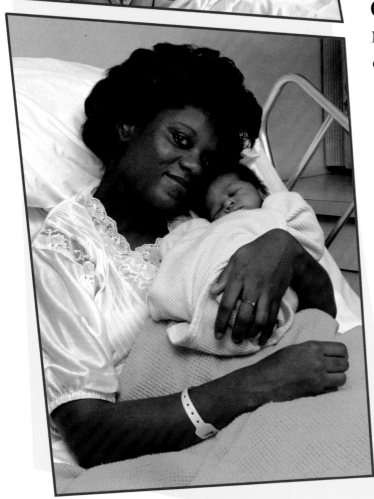

Controlar el embrión

Muchos seres humanos cuidan de manera especial a sus hijos antes de nacer. El médico controla al bebé con una **ecografía** como ves en la primera foto de la izquierda. El aparato de ecografías muestra una imagen del bebé mientras está en el cuerpo de la madre. El médico estudia la imagen para ver si está creciendo bien.

Cuidar a los hijos

Muchos animales pueden caminar y alimentarse solos después de nacer, pero los bebés humanos no pueden hacerlo. Necesitan a sus padres para que les den alimento, calor y protección. También necesitan que los padres los abracen y los consuelen.

El ciclo de vida de los seres humanos

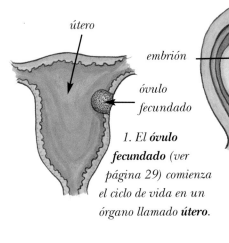

útero

embrión

óvulo
fecundado

*1. El **óvulo
fecundado** (ver
página 29) comienza
el ciclo de vida en un
órgano llamado **útero**.*

*2. El óvulo
crece y se
convierte en
un embrión
con **placenta**.*

placenta

*3. El embrión humano se nutre
del cuerpo de la madre a través
de la placenta y del **cordón
umbilical**. Después de ocho
semanas de crecer y cambiar, el
embrión se convierte en **feto**.*

cordón
umbilical

*4. A las 40 semanas, el feto sale del
cuerpo de la madre. Los músculos de la
madre lo empujan fuera a través de una
abertura especial. Cuando el bebé
sale, respira y come sin ayuda.*

*8. Los seres humanos adultos
han terminado de crecer y su
cuerpo está listo para
comenzar un nuevo ciclo
de vida.*

*5. Cuando los
niños tienen tres
años de edad
generalmente ya
pueden caminar,
correr y comunicarse
con oraciones sencillas.*

*7. Los adolescentes se parecen mucho
a sus padres, pero su cuerpo está
comenzando a cambiar y a prepararse
para tener a sus propios bebés.*

*6. Los niños de ocho años
pueden hacer muchas cosas
sin ayuda, pero todavía
necesitan la protección y
la ayuda de los padres.*

Mantener el ciclo en movimiento

Todos los seres vivos se crean mediante la reproducción. La reproducción es la manera en que las plantas y los animales tienen cría. Los seres vivos se reproducen de distintas maneras. Todas las especies necesitan tener cría porque los adultos no viven para siempre. Sin la reproducción y las crías, las especies se **extinguirían**, es decir, desaparecerían.

*Para reproducirse, algunas criaturas simples se dividen en dos. Las **amebas** son seres vivos diminutos que se dividen en dos para reproducirse. Cada nueva ameba comienza un ciclo de vida.*

← yema

*La **hidra** es un tipo de animal simple. Se reproduce por **gemación**. La yema que crece en la hidra adulta se separa y se convierte en una nueva hidra.*

esporas

*Las setas son un tipo de **hongo**. Muchos tipos de hongos se reproducen por **esporas**. Cada espora diminuta, que parece un grano de polvo, puede convertirse en una nueva seta.*

Unión del espermatozoide y el huevo

Sólo unos pocos seres vivos simplemente se dividen en dos para reproducirse. La mayoría de las especies se reproducen cuando un espermatozoide del macho fecunda el **óvulo** de la hembra. Cuando el espermatozoide y el óvulo se unen, forman un huevo fecundado.

pistilo (donde crecen los óvulos)

estambres *cubiertos de polen*

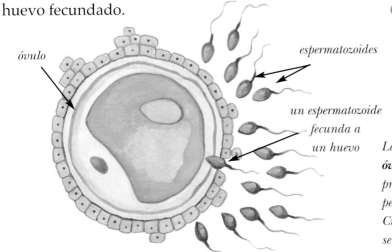

óvulo

espermatozoides

un espermatozoide fecunda a un huevo

*La mayoría de las plantas necesitan espermatozoides y **óvulos** para reproducirse. Muchos tipos de plantas los producen dentro de las flores. Los espermatozoides, muy pequeños, como partículas de polvo, se llaman **polen**. Cuando el polen de una planta fecunda el óvulo de otra, se forma una semilla.*

*(abajo) La mayoría de los animales machos y hembras se **aparean** para unir el espermatozoide del macho con el huevo de la hembra dentro del cuerpo de ésta.*

(arriba) Después de que estos milpiés macho y hembra se apareen tendrán cientos de crías, pero sólo unas pocas sobrevivirán para continuar la especie.

Peligros en el ciclo de vida

El ciclo de vida de una especie termina cuando todos sus miembros mueren y no hay crías vivas para que el ciclo pueda continuar. Los depredadores, la **contaminación** y los seres humanos pueden causar el fin del ciclo de vida de una planta o un animal. Si una especie se extingue, el ciclo de vida de otras especies también se perjudica. Todos los ciclos de vida dependen de por lo menos otro ciclo de vida para continuar.

Todos los animales necesitan a otros animales o plantas para alimentarse. Si el agua contaminada mata a las ranas de una laguna, los depredadores que se las comen deben buscar alimento en otro lugar. Pero si todas las ranas del mundo mueren, esos depredadores también se extinguirán porque no tendrán alimento. Cuando una especie desaparece, dos ciclos de vida terminan.

El ciclo de vida del bisonte casi se extingue. Los seres humanos mataron muchos bisontes en poco tiempo y no nacían nuevos bisontes lo suficientemente rápido para reemplazar a los que morían.

Un comienzo difícil

Las tortugas marinas están teniendo dificultades para mantener su ciclo de vida. Anidan en las playas arenosas y sólo quedan unas pocas playas adecuadas. Al construir centros turísticos, los seres humanos alteran o destruyen los lugares de anidamiento. Algunos depredadores cavan y se comen los huevos. Si algunos sobreviven lo suficiente como para que las crías salgan, los cangrejos y las gaviotas se pueden comer a las tortuguitas cuando van del nido hacia el mar.

Sin ayuda, pocas crías de tortuga pueden completar el viaje por la playa.

*Algunas tortugas marinas están **en peligro de extinción**. Para ayudarlas, los científicos toman los huevos de la playa y los cuidan en un lugar tibio y seguro. Cuando las tortugas nacen, las llevan de vuelta a la playa y las sueltan en el mar.*

Palabras para saber

aparearse Unirse para tener cría

branquia Parte del cuerpo que los peces y otros animales acuáticos usan para respirar

ciclo de vida Etapas de la vida de un ser vivo desde el nacimiento hasta la reproducción

contaminación Materiales nocivos, como desechos o basura, que pueden ensuciar la Tierra

crías Los descendientes jóvenes de otros seres vivos

embrión Ser vivo en la primera etapa de su vida, antes de nacer, salir del huevo o brotar

especie Grupo de seres vivos estrechamente relacionados que pueden tener cría unos con otros

espermatozoide Célula reproductora masculina que se une al huevo (óvulo) de la hembra para formar una cría

exoesqueleto Cubierta dura del cuerpo de algunos animales

extinto Palabra que describe a una planta o animal que ya no existe

hongo Ser vivo, como una seta o moho, que se alimenta de materia vegetal y animal

larva Cría de un insecto, pez o anfibio después de salir del huevo; su cuerpo es blando y parecido al de los gusanos

metamorfosis Cambio importante en el aspecto y la conducta de algunos animales que se produce entre el nacimiento y la vida adulta

nacer del cuerpo de la madre Salir del cuerpo de la madre

nutriente Sustancia que los seres vivos necesitan para crecer y estar sanos

placenta Órgano a través del cual las crías de los mamíferos reciben alimento y oxígeno del cuerpo de la madre antes de nacer

pulmón Parte del cuerpo que la mayoría de los animales usan para respirar aire; por lo general hay dos pulmones

renacuajo Cría de anfibio que vive bajo el agua y respira con branquias

reproducirse Tener cría

yema Parte del huevo que le proporciona alimento al embrión en crecimiento

Índice

1 2 3 4 5 6 7 8 9 0   Impreso en Canadá   4 3 2 1 0 9 8 7 6 5